Las pertenencias

ÆREA | *carménère*

Rafael-José Díaz

Las pertenencias

[2019-2022]

ÆREA | *carménère*

Serie fundada por Eleonora Finkelstein y Daniel Calabrese
Edición al cuidado de Paco Najarro

LAS PERTENENCIAS
Primera edición: febrero de 2025

© Rafael-José Díaz, 2025

© Ærea, 2025

Un sello de RIL® editores
SEDE SANTIAGO DE CHILE: Los Leones 2258 • CP 7511055 Providencia
☎ (56) 22 22 38 100 • ril@rileditores.com • www.rileditores.com

SEDE VALPARAÍSO • valparaiso@rileditores.com

SEDE ESPAÑA • europa@rileditores.com

Composición e impresión: RIL® editores
Diseño de colección: Marcelo Uribe Lamour
Imagen de portada: Altin Ferreira

Impreso en España • *Printed in Spain*

ISBN: 978-84-10248-39-7
Depósito Legal: GI 179-2025
Derechos reservados.

I

LA FIESTA JUNTO AL RÍO

Ya no recuerdo, pero sé
que todo tuvo lugar a la orilla de un río,
en un parque que ocupa varios kilómetros de la orilla de
    un río
que era el límite del parque por uno de sus lados
mientras que por el otro lado no recuerdo qué límite tenía,
    pero en algún momento
debía de conectar con la ciudad
desde la que nosotros habíamos venido por la noche
con bebidas alcohólicas, tabaco y nada más que yo recuerde
salvo las risas que estallaban en tres o cuatro idiomas
y el despropósito de un sábado
cuya noche era eterna o al menos no tenía un final a la vista.

Allí, desplazándonos entre los grandes árboles apenas
    iluminados
por unas linternas o por estrellas que no recuerdo
pero que debían de ser mágicas, poéticas,
como lo era todo en aquel tiempo,
desaparecíamos para los demás
en grupos de tres o en parejas
o muchas veces de forma individual
hasta que alguien preguntaba por nosotros, oíamos los
    nombres
que reclamaban nuestra vuelta
mientras, tumbados junto al río, con una mano acaso
dejada caer en la corriente,
bebíamos y hablábamos como si no tuviéramos necesidad
    de comprenderlo todo,
pues para eso estaba ya el lenguaje permeable del parque

que nos llamaba con más fuerza porque conseguía juntarnos
para que resistiéramos el reclamo de quienes se habían
    quedado junto al fuego.

Porque estoy seguro de que había un fuego
que señalaba esa reunión de estudiantes
una noche cualquiera en una ciudad alemana
donde no entenderlo todo era el mayor de los lujos,
una inocencia mitificadora
que hoy no podría permitirme
por mucho que buscara aquel parque, la orilla de aquel río.

A veces pienso
que momentos como aquellos fueron un aprendizaje que
    no aproveché
y que si lo hubiera aprovechado para hacer de mí una
    persona distinta
no estaría contándolos,
no los recordaría
con esta intensidad de niebla iluminada.
Serían otros tantos
momentos convertidos en pasajes de memoria,
pero nada especial como por ejemplo esa noche
cuya compañía no sabría precisar
aunque la intimidad que nos juntaba
no he vuelto a sentirla nunca,
esa ceguera clandestina,
esa incomprensible comunión
como quien escucha entre los matorrales
el vuelo repentino de un pájaro
y se queda para siempre prendido a él,
a ese aleteo en la noche.

PATRIC, LECTOR DE ROBERT WALSER

Se parecía tanto a Patric aquel chico
que estaba leyendo junto a dos ancianas
en el Robert-Walser-Zentrum de Berna
cuando llegamos allí María Negroni y yo,
que por un momento pensé que sería él,
que sería Patric, un Patric por el que
no hubiera pasado el tiempo
—el Patric del recuerdo, con sus veinticinco o veintiséis
    años—,
y casi no me sorprendió
que estuviera aparentemente leyendo a Robert Walser,
concentrado en uno de sus microgramas
o en algún párrafo sorprendente
—¿cuál no lo es?—
de *Los hermanos Tanner*,
pues, de algún modo, había en Patric,
pese a su, por otra parte, pueblerina frivolidad
de joven criado en la antigua República Democrática
    Alemana
y casi recién desembarcado en el mundo del capitalismo
cuando lo conocí, aquella noche
en el local Rosalinde, en una de las fiestas de los sábados
—aún sigo sin comprender bien aquel territorio
entre dos aguas, la música, la forma de actuar
de toda aquella gente entre la que yo era una especie de
    extraterrestre—,
había en él, en Patric, decía,
un desamparo parecido al de los héroes walserianos,

una incomodidad primordial ante el hecho de estar en el
    mundo
sin apenas comprenderlo, un querer sin poder,
como cuando hacíamos el amor y toda su torpeza
—que para mí tenía un raro encanto, no obstante—
se revelaba en un gesto, en un dejar sin terminar un
    movimiento,
en una sonrisa cuando no procedía,
en la sensación de que en cualquier momento
podía salir corriendo de allí,
o echarse a llorar en mis brazos,
como lo hizo un día, en Jena,
antes de despedirnos hasta el siguiente fin de semana,
Patric, que después de romper conmigo por correo
    electrónico
—en una época en que los correos electrónicos
apenas estaban comenzando—,
estuvo mandándome postales
desde muchos lugares del mundo,
pues viajaba con frecuencia por trabajo,
postales a las que nunca le respondí,
dolido por la forma en que todo había terminado,
rencoroso durante años —algo infrecuente en mí—,
y cada postal mostraba más entusiasmo que la anterior,
como si a Patric lo corroyera la mala conciencia
o como si supiera que se había precipitado al romper
y quisiera dejar abierta esa puerta conmigo,
aunque yo nunca, durante años, contesté a una sola de sus
    postales,
hasta que un día no llegaron más,
no supe más de Patric,
hasta que ayer lo recordé en Berna
en la persona de ese joven apasionado de Walser
que hacia las cuatro de la tarde, junto a dos ancianas
que podrían haber sido sobrinas de Walser,

leía concentrado —sólo me miró una vez—
un libro de Walser que no pude identificar:
su melena rubia, sus ojos claros, el cuerpo
delgado, bien formado, y sobre todo
una sonrisa como temerosa, medio
juguetona y medio tímida,
me hicieron recordarlo con tanta intensidad
que vuelvo a recordarlo ahora al escribir sobre él,
creo que no por primera vez,
pero sí después de muchos años,
y es asombrosa la nitidez con que recuerdo algunos detalles,
momentos que no aparecen en las fotos que nos tomamos,
fulguraciones de la memoria que se superpusieron
ayer y se superponen hoy
a la imagen de un lector de Walser,
de ese joven bernés que consiguió el milagro
de rescatar a Patric intacto
a sus veinticinco o veintiséis años.

Por separado

En un piso que hoy sería imposible situar,
por mucho que lo intentaran mentalmente,
sucedió aquella noche
algo que, por separado, sería motivo de recuerdo
para sus protagonistas,
tal vez durante muchos años,
motivo de recuerdo intermitente, es cierto,
pues sólo vuelve a veces, como un fogonazo,
un fogonazo en medio de la memoria apagada,
apagada precisamente por la acumulación de los recuerdos,
y esas imágenes que brotan como una cascada
de gotas minuciosas, casi a cámara lenta,
aunque a veces con la pasmosa
intensidad de lo que estuviera sucediendo ahora mismo,
el perfecto trazado de dos cuerpos
que acaban de conocerse
—pocas horas antes—
y que, deseándose en la escala más elevada del deseo,
se precipitan en lo incognoscible del desconocimiento,
una ráfaga de abrazos que conducen, precipitadamente,
al refugio *in extremis* en el cuerpo del otro,
como una devoración sin compromiso alguno
de devolver la presa una vez masticada,
un furioso buscarse
el otro lado de la piel,
la sonoridad de los poros tintineantes,
el brillo del aliento contenido en el borde
de los labios que apenas si se atreven
a respirar otros labios por miedo
a tener que dejar de respirarlos,

esa congoja irrecuperable,
el hálito desmoronado en cada pliegue de la cama
—y los dos se acuerdan de esa cama:
no han visto otro reverso del origen
más perfecto que ese, como una catacumba,
como un pozo estrellado—,
y nada de lo que ambos recuerdan por separado
volverá a juntarse nunca, pues
una vez que se vistieron
—y vestirse fue como la expulsión del paraíso—
supieron que no había vuelta atrás
ni posibilidad alguna de que aquel encuentro tuviera
    descendencia,
y, aunque unos meses después
una llamada telefónica les deparó unas pocas micras de
    esperanza,
al colgar les resultó evidente,
casi al unísono, que aquel eco piadoso de lo vivido en el
    piso
los estaba engañando
y que sólo volverían a encontrarse
—con los intactos veinticuatro años de entonces—
en unos pocos sueños, en los fogonazos
dispersos a lo largo de todos estos años,
en poemas escritos
o leídos sin querer.

EL JUEGO PROHIBIDO

Como tantas otras veces,
hubo un juego indeciso, cruces
de miradas —hasta cuatro—, incluso un esbozo
de sonrisa (pues para los tímidos parece que es más fácil
sonreír con media cara
tapada por la mascarilla),
hubo una improvisada
coreografía de pasos que nos llevaban en una misma
    dirección
por un camino peatonal junto a un parque
de uno de tantos pueblos del norte de la isla,
hasta que uno de los dos entró en el parque
y el otro siguió andando por fuera,
separados ahora por los barrotes de acero
a través de los cuales parecían
intensificarse las miradas, e irradiaba
ya la mecha de lo que se anunciaba como una despedida,
el fogonazo primero de la separación,
ese instante igual de mágico
que el del encuentro, unos minutos antes,
reverso de cada uno de los pasos
en que los cuerpos se acompasaron
acaso involuntariamente, acaso en un juego permitido
tan sólo como una manera de intercambiar miradas,
lo mismo que otros animales
intercambian olores, o componen
cantos que se entrecruzan
sin que eso signifique
otra cosa que un pequeño conjunto de gestos
de relativa belleza

en medio del polvo oscuro de la vida,
la ceniza que flota siempre a nuestro alrededor
y que, aunque a veces no la veamos,
se infiltra en cada segundo, nos
devora y se identifica casi siempre
con el tiempo que nos sorbe.

Esto era un juego, y qué bueno
que así fuera,
pues transformarlo en realidad
nunca me lo perdonaría,
si acaso en un recodo del parque,
o en medio de una apartada arboleda
mi mano hubiera tocado sus extraordinarias nalgas
—enfundadas en unos bermudas
que las convertían en hipnóticos
objetos de deseo—,
si mis labios hubieran siquiera
aspirado la humedad de los suyos,
si hubiera abrazado
su cuerpo perfecto de veinte o veintidós años,
como el de un cervatillo,
que mano, labios, brazos
se hubieran convertido entonces
en despojos, en partes
de un cuerpo no vivo,
pues hace tiempo que pertenecen a otro,
y no entra en mis planes traicionarlo
ni aun cuando un diosecillo como este
aparezca en medio de la nada
para jugar conmigo al escondite.

El castillo de arena

Cuando coloqué la toalla
muy cerca del principio de la orilla,
donde la arena mojada se junta
con la que quema, sobre todo
en días tórridos como estos del final del verano,
miré hacia el mar y fui borrando
con el pensamiento a cada uno de los bañistas,
retiré las lanchas que conducen
a los turistas a los deportes
acuáticos —que nunca he practicado—
y reduje con la imaginación
las músicas que se mezclaban
formando una algazara que impedía
oír el ruido de las olas al romper.
Una vez recompuesta así la playa
a mi favor,
y alejadas también como intrusiones molestas
las toallas más cercanas
—unas pocas, a lo lejos,
no me importunaban demasiado—,
conduje la mirada
hacia una construcción de arena
abandonada a unos metros delante de mí.
Se trataba de un castillo de dos torres
—asimétricas—
hecho sin mucha destreza
e incluso, parecía, con prisa, o en cualquier caso
ya algo desmantelado
por los embates del agua,
algunas horas atrás;

un castillo que me recordaba
a los que yo construía
solo o con mi hermana,
solo o con los amigos de la playa
cuando era un niño en aquella misma playa,
un castillo que yo mismo
podría haber construido
unas horas antes, antes de marcharme
a comer con la familia
para regresar cuarenta años después
—se dice pronto—
y encontrármelo desfigurado,
irreconocible, como una fortaleza
que hubiera sido abandonada
ante el ataque inminente
de ejércitos rivales.
Los agujeros que conectaban
unas partes con otras,
túneles o fosos por donde el agua
había discurrido para sorpresa de los constructores,
los ojos del castillo, que permitían
ver al otro lado los ojos de mi hermana,
los ojos de mis amigos de la playa,
empezaban a desmoronarse, pues la arena
no era ya la sólida argamasa
que se unía a sí misma para formar paredes,
almenas, torres, puentes levadizos,
sino un material endeble,
que frente al mar o frente al tiempo
no tenía ninguna consistencia.
Abstraído, miraba aquellos restos preguntándome
qué niño o niña los habría construido,
qué habría visto a través de las entrañas
de aquel castillo ahora abandonado,
tenebroso

bajo la tórrida luz de finales de agosto,
cómo sería su destino,
si alguna vez tendría la oportunidad
de volver a encontrarse con un castillo idéntico
al construido por él o por ella en la infancia
para saber que soñamos
al creer que vivimos
y que sólo vivimos de verdad
cuando soñamos.

Cielos de finales de agosto

A veces
los cielos de finales de agosto
producen vergüenza ajena,
sobre todo cuando la tarde cae después de una larga,
    intensa insolación
porque, mientras el mundo se desangra,
ellos juegan con la imagen de la sangre,
fingiendo pálidas figuras
de pieles sonrojadas,
como si vivieran al margen
de la realidad pavorosa
que asola el planeta, lo destruye
lentamente, lo desangra
como si fuera un cuerpo que ha vivido lo suficiente
como para ser sacrificado
a unos dioses vengativos,
indiferentes, que sólo exigen
alimento constante para sus sueños lascivos;
a veces,
mientras contemplo esos cielos
de finales de agosto,
su fantasmagoría obscena
o su lúdica indiferencia,
me parecen idénticos a los poemas que hablan
de la sangre del mundo
derramada a mansalva cada día:
vanos ejercicios estéticos
que sólo producen vergüenza ajena, o asco.

LA MIRADA DE LOS MUERTOS

En esta ciudad
el mediodía abrasador
oculta en su redoma la sensación de la mirada de los muertos,
la idea de que nos ven pasar
desde sus áticos
o desde los bancos del parque donde se sentaban
a la sombra, con el periódico de la mañana estrujado
como si no lo leyeran y les sirviera tan sólo
para entretener las horas a medida que el tiempo las iba
    desgranando:
la mirada de los muertos no es la mirada de los vivos,
pues aquellos nos miran con la insistencia impúdica
de los amantes despechados de otra época,
como si haber muerto se pareciera
a saber extinto un amor
que respiraba vivo en cada poro,
o bien su mirada se parece
a la de los peces abisales
que hemos visto alguna vez en la televisión,
una mirada dormida pero penetrante,
que succiona todo lo que la rodea
porque vive de ello
y fundirse con ello es su única oportunidad para existir.

Parecida a la de esos seres fantasmales
es la mirada de los muertos en el mediodía abrasador de
    la ciudad,
cuando pasamos frente a las clínicas donde murieron
o bajo los pisos alquilados donde vivían en compañía de
    una hermana soltera,

y no hay nada que podamos hacer
para dejar de ser observados
porque en ese momento
nuestro cuerpo coruscante,
involuntario portador de una luz sobrecargada de energía,
es el único apoyo que ellos tienen,
los muertos,
para sostener su mirada nacida en otro tiempo,
quizá décadas, quizá siglos atrás,
aunque sea ahora cuando la sentimos,
como una presencia física
similar al revoloteo de unas palomas asustadas por el tráfico
o al brillo súbito de un árbol escondido en una esquina
    del parque,
una presencia que es ausencia
y nos devuelve, como en un espejo,
el revés desnudo de nuestros propios cuerpos
bajo el mediodía
de una luz calcinada.

AMIGO

Aquella tarde
fui a la clínica para una cita médica.
Cuando terminó mi consulta
y estaba a punto de bajar al garaje para marcharme,
decidí subir a la segunda planta,
la de los enfermos en cuidados intensivos.
Quise buscar la habitación donde te había visitado hacía
    un mes,
deambulé por los pasillos sin conseguir acordarme
de cuál era, pues todas eran iguales,
con sus puertas entrecerradas
detrás de las cuales una penumbra
protege del aliento de los vivos
a los que ya están cerca de la muerte,
como si por ese resquicio
pudiera devolvérseles algo de la vida plena que les fue
    arrebatada
a la vez que ellos podrían traspasarnos
su voluntad de dormir un sueño eterno,
su lenta despedida de todo lo que fueron.

No sabía entonces,
cuando buscaba desesperado
la habitación donde estuvimos juntos
por última vez,
donde te di la mano y me la retuviste
con fuerza haciendo grandes esfuerzos por hablar,
sin que palabra alguna saliera de tu boca,
pues ya no había lenguaje en la garganta ni en la mente,

se habían tal vez borrado las imágenes que van asociadas
    al sonido,
aunque a través de la mano apretada con fuerza
querías comunicarme algo,
algo que yo no entendí
y tal vez pueda entender un día
(o ahora, con suerte, en el poema),
algo que tenía que ver con nuestro pasado compartido
o con la penumbra asfixiante en que te ibas diluyendo,
las manos apretadas en una comunión incomprensible
y los ojos, los ojos más vivos que nunca había visto,
tus ojos de un verde profundo y transparente,
llenos de una sabiduría que no era ya de este mundo,
brasas de plenitud marchita
engastadas en la penumbra;

no sabía, no sabía
cuando le pregunté a la enfermera encargada de planta
que aquella mañana habían lavado tu cuerpo,
que habías atravesado el umbral
del sueño definitivo
para encontrarte con tu padre y con tu madre,
con los amigos muertos
en misteriosas circunstancias,
y también conmigo un día,
en otro rincón del tiempo,
pues el tiempo no importa cuando se trata de encontrarse
    más allá de la vida.

Nada de eso sabía,
ni siquiera la enfermera pudo comunicarme nada,
pues los protocolos lo impiden,
pero por su mirada supe que habías regresado
allí donde los cuerpos ya no pesan,
allí donde el lenguaje pierde nuestros rastros

y donde la memoria
se une a la memoria de los vivos
para un último esfuerzo de recordación
y puede entonces saberse lo que quedó pendiente,
el lugar del bosque que no se visitó
o la cabina telefónica
en la que, a salvo de la lluvia,
nos encerramos un día como si no existiera la muerte,
pájaros inocentes que cantan mientras se ríen
una canción que nadie les enseñó.

LOS HEDORES

En el delirio
de unos pocos pasos,
que es el revés de la errancia,
al ir a tirar la basura que ya hiede
—dejar que la basura hieda es un ejercicio de paciencia y
    reconciliación—,
no hay apenas visiones que actúen
sobre los vasos sanguíneos,
últimamente demasiado habituados al sedentarismo,
y, sin embargo, desentumecerse
así, por unos pocos minutos,
nos permite salir del atolladero
y vivir unas cuantas paradojas hiperestésicas:
en primer lugar, la plaza que atravesamos es un lugar que
    no está preparado
para otra cosa que no sea atravesarla,
así que enseguida llegamos a donde están los contenedores,
abrimos el primero
y la basura que hiede,
domesticado su hedor por una bolsa herméticamente
    cerrada,
termina en el contenedor correspondiente,
mientras que la otra basura,
que no hiede tanto porque está formada
por todo tipo de envases de plástico
termina en otro contenedor y,
paradójicamente,
hederá con el tiempo más que la primera,
pues será recogida más tarde
y, adherido el hedor a los envases,

permanece más tiempo en la raíz del aire
como el recuerdo de toda la comida
que en ellos fue transportada
y acabó sometida al hambre del estómago;
en segundo lugar,
esa misma plaza
que no cabe atravesar sino como un alma en pena,
y no en vano no hay nadie a esas horas de la noche,
es un lugar que nos devoraría
si nos parásemos en él:
debe desembocarse en alguna de las calles aledañas,
o bajar la acera hasta dar con el parque
para escapar del zumbido proceloso de la plaza
que nos devora la conciencia, la memoria,
el cuerpo, el deseo, la voz y la mirada.
Pararse en ella por ingenuidad
o por novelería
es exponerse a quedarse en los huesos,
por mucho que la cena nos haya alimentado
para no morir desnutridos en medio del sueño.
La plaza es nuestro límite
y nuestra más incierta descendencia.
Hay al llegar un silencio que no le pertenece,
que ha tomado prestado, sin permiso,
de algún lugar silencioso donde hayamos vivido
    intensamente el silencio,
pues la plaza lo ha fagocitado
para que, en nuestro delirio
de unos pocos pasos,
que es el envés de la errancia,
nos perdamos allí, en el interior
de un silencio que nada nos dice,
volvamos siendo otros para sabernos los mismos
y no dejemos allí
más rastro que el de los distintos hedores

que el cuerpo, al sobrevivir,
produjo, que los huesos,
al tintinear, alejan,
hedores como la música lejana que se lleva consigo quien
    no ha de regresar.

UN CADÁVER ENCONTRADO EN LA PISCINA

Como podría haber sido yo
o cualquiera de nosotros,
si es que no estamos muertos ya
y no lo sabemos
—¿hay forma de saberlo?,
creo que no estudié
la suficiente filosofía para estar seguro—,
así apareció el cadáver de alguien
que no se sabía quién era
en la piscina, y cuando mi madre me lo dijo
yo pensé en tantas veces
como me imaginé muerto en la piscina,
en tantas veces como, muerto,
estuve en la piscina sin saberlo,
y, a medida que mi madre me iba dando detalles,
yo componía en el escenario del crimen
las diversas posiciones del cuerpo,
los indicios violentos, las huellas,
los restos de ceniza, las latas
de cerveza, el conjunto espectral de lo que estaba junto al
    cuerpo
mientras el cuerpo se había abandonado a sí mismo,
pues un cadáver asiste
a la ausencia del cuerpo
lo mismo que la piel de la serpiente
no forma parte ya de la serpiente,
o acaso lo que el cuerpo secreta
es un cadáver que sigue viviendo de otro modo
en la mirada de quien lo encuentra,
sobre todo en la de la primera persona
que se encuentra con ese cuerpo nuevo

que ha dejado de serlo,
que ha cambiado, voluntariamente o no,
su condición de sujeto
por la mucho más cómoda posición del objeto
que puede ser contemplado,
investigado, despedazado
incluso por una jauría de perros
—las hubo en otro tiempo
cerca de la piscina—,
y mi madre sabía quién lo había descubierto,
quién me había descubierto,
imaginaba yo,
desnudo e inerte en una hamaca tras sufrir un infarto,
tras ingerir un bote entero de tranquilizantes
o incluso acuchillado por un desconocido
con quien había quedado esa tarde en un encuentro a ciegas,
pero no, no era yo esta vez el muerto,
resultó ser uno de los obreros empleados
en la reforma de un apartamento
y, según supo mi madre,
no había señales de violencia,
se trataba de una muerte natural
de lo menos interesante, pues
no dejaba entrever crimen alguno
ni era la mía propia
ni tenía que ver de ningún modo conmigo,
y, sin embargo, imaginaba ese cadáver al sol,
sin sentir ya en su piel ninguna irradiación,
y no dejaba de identificarme de algún modo con él,
como si siempre hubiera estado muerto
ahí, en esa piscina,
muerto por haber escrito que lo estaba,
muerto por ser esa la piscina
donde alguien murió
como podría haberlo hecho yo también.

Malnacida ciudad

Vivir en esta ciudad sería imposible
si no se descubre el respiradero que evacua
toda la mugre acumulada en los trasteros,
en las habitaciones donde durmieron los hijos que ahora
    bailan cada noche
en discotecas clandestinas hasta el amanecer,
la mugre de los dormitorios, de camas en las que ya no se
    concilia el sueño,
la de los pequeños cuartos de las azoteas
donde se guardaban los disfraces de carnaval
que cada año, con los remiendos oportunos,
volvían a brillar entre la multitud,
no habría, no, modo alguno
de sobrevivir en esta ciudad construida para los suicidios,
para que bajo los puentes de hormigón
aparezcan por la mañana, boca abajo, los cuerpos
de quienes la noche anterior conocieron las revelaciones
    minuciosas
que los poetas se apropian al escucharlas en los bares,
una ciudad malsana
atravesada por barrancos en los que el agua se estanca
cuando ha llovido a finales de noviembre
y salen a flote en pozas infectadas
las bandejas de plástico en que sirven
la comida que se encarga
en restaurantes de mala muerte
y toda la bisutería que no sobrevive a las parrandas de
    latas de cerveza
y crack adulterado,
las pozas en el fondo del barranco, infectas,

que sobrevuela, de pronto, una garza inmaculada
que parece surgida del sueño de un niño
educado en un colegio religioso,
una garza a la que persiguen las palomas
más sucias de la ciudad,
las que al volar desprenden el barro reseco entre las alas,
las mismas que vigilan desde las cornisas de los puentes
el resquebrajamiento de todas las costuras
que a lo largo de los siglos nos hemos ido procurando
para vivir aquí, en esta ciudad asfixiante y malnacida,
en la que, sin embargo, a veces puede encontrarse
el respiradero que evacua la mugre acumulada,
y entonces hay que sentarse
en ese lugar durante un rato,
ser parte de lo que la ciudad espira,
dejarse expulsar y expulsar nosotros mismos todo lo que
        nos sobra,
mirar detenidamente los restos de antiguas expiaciones
y luego continuar el camino
por las mismas calles, entrar en la iglesia
donde hicimos nuestra primera comunión
—que fue también prácticamente la última—
y salir de nuevo a la ciudad
con un día más de supervivencia a las espaldas.

Navidad en familia

Dormir rodeado por las fotos de mis abuelos muertos,
fotos de gran tamaño
en que aparecen paseando por un parque
o en idílico abrazo frente a un solar que acaban de comprar
y donde más tarde construirán la casa
donde yo duermo ahora rodeado por esas fotos ampliadas
en la cama del cuarto de invitados,
primero con la sensación de un peso excesivo sobre mi
    cabeza,
pero luego con la certeza benévola
de que mi cuerpo cae en los brazos de mis abuelos
como si volviera a nacer,
y que ellos lo depositan suavemente
en un lugar muy hondo que se desplaza hacia el pasado,
como el río subterráneo que cruza el inframundo,
y las caras de mis abuelos vuelven a aparecer por la mañana
a la hora del almuerzo,
pues otras fotos, en el comedor, los retratan de nuevo,
ahora en su juventud, y acompañan silenciosas
nuestra comida pascual, nuestros abuelos,
ese misterio que hace que nuestros padres
recobren la edad que tenían en los primeros almuerzos
    navideños que recuerdo,
cuando los abuelos no eran fotografías
colocadas en estantes junto a caballos de cerámica
y colmillos de elefante traídos de El Aaiún,
silenciosos pero inquisitivos, pues al final de la comida
surgen conversaciones que los evocan,
escenas ocurridas en esa misma casa

o en casas que ya no existen
hasta que, en la sobremesa,
después de los cafés, mi madre saca los álbumes
que guarda en un rincón de la estantería
y, por tercera vez, nuestros abuelos
surgen de entre la noche y la niebla de las fotografías
    antiguas
para proponernos sus misterios: dónde se tomó esa foto,
quién es esa señora sentada junto al tío Esteban a los pies
    de un gran pino,
cuál era la matrícula del Citroën descapotable aparcado
    al borde del mar
—mi madre la recuerda—
y los abuelos se multiplican
con mis padres tomados de sus brazos
o con nosotros en cunas que fueron nuestras primeras
    camas,
como si sus miradas a través de las paredes del tiempo
tuvieran como única función servir de colcha mullida
con que abrigarnos en estas noches de invierno de la vida,
de este lado del tiempo que llamamos vida
y que, mientras me duermo, se transforma
en otro lado sin nombre donde son ellos los vivos
y nosotros los que dormimos, acaso soñando, o quizá
    muertos,
en un sueño o una fotografía enmarcada
colocada entre estatuillas de superhéroes
y altavoces de última generación
por los que suena una música
que nadie escucha en ninguna Navidad.

II

Aparición

Fue justo antes de que el cielo se nublara,
un día radiante del final del verano
—cuántos veranos ya, sumados unos a otros,
como si fueran un único verano
que irradia siempre en la mente su luz inmarcesible—,
la playa estaba extrañamente tranquila para ser un domingo
y yo me acomodé en una zona diferente a la que solía utilizar,
más cercana a la escalera de entrada,
en realidad la parte más estrecha de la playa
y por eso tal vez la menos frecuentada,
recordaba alguna otra vez haberme tumbado allí
y sentir la extrañeza de estar en la playa de la infancia
pero como si no fuera yo quien allí se instalaba,
o como si, además de haber pasado muchos años,
alguna otra transformación esencial se hubiera dado,
una madurez definitiva, la consecución de un cambio de
    carácter
que me hiciera percibirlo todo desde otra dimensión,
pero ahora todo eso se combinaba
con una laxitud, un pensamiento que se abandonaba
a la sensación de sentirme fuera de juego,
sin saber muy bien cómo habían llegado las cosas hasta allí,
pero al mismo tiempo satisfecho con aquella vacuidad,
aquel vano entre múltiples tiempos
que en aquel lugar habían querido entremezclarse
y que, mientras el sol me daba de lleno en el rostro,
yo iba recordando sin demasiada nostalgia,
es decir, con la más completa aceptación del momento
    presente,
de aquel estar tendido sobre la arena a los cincuenta años
y, pese a tanto por lo que hubiera podido arrepentirme

y, sobre todo, tanto que habría deseado,
pese a saberlo imposible, ver cumplirse,
no rechazar nada de lo ya hecho
ni albergar esperanza alguna de lo aún por hacer.

Mientras el sol brillaba con toda su fuerza,
después de leer unas páginas de un libro de bolsillo,
entré por primera vez al mar
provisto de mis gafas y mi tubo: nunca
había estado el agua tan transparente como entonces,
y sin embargo no vi nada en el fondo,
ni un solo pez, ni bancos de algas,
únicamente la arena rastrillada como para una siembra
y unas cuantas rocas dispersas, sólo eso.

Al volver a la orilla estaba tumbado a un metro de mi toalla
un joven moreno, muy guapo, delgado.
Miraba circunspecto el mar, como si hubiera ido allí en
    busca de respuestas.
No sé por qué pensé que algo le pasaba,
no necesariamente algo reciente, en cualquier caso
algo intenso y auténtico, algo que no era fácil esquivar,
y que por eso contemplaba el mar tan fijamente,
sin moverse, sin que cambiara un solo gesto de la cara o del
    cuerpo.
Había en él una tensión que no se resolvía en movimiento,
sino en quietud. Como si hubiera sido una aparición,
parecía haberse materializado allí,
en aquel preciso lugar de la playa,
para establecer un diálogo imposible con el mar,
y yo sentía que era mi obligación escuchar lo inaudible,
fijarme en su mirada, que sólo veía de perfil,
y acoger en la cámara de resonancia de mi cuerpo
el vaivén de las olas que empezaban a llegar
cada vez con más frecuencia hasta donde estábamos sentados.

De pronto, se levantó y se dirigió hacia el mar.
Me fijé en que no había nada junto a su toalla
sino unas sencillas cholas de playa:
ni camiseta ni llaves ni teléfono móvil.
Igual que la toalla y que las cholas, su bañador era azul,
y cuando vi su espalda que iba desapareciendo en el agua
me dije si no sería uno de esos seres mitológicos,
hijos del mar, que había salido a descansar un rato,
a disfrutar del sol sobre la arena ardiente,
y que ya no volvería de su baño.
Nadó, de hecho, hasta muy lejos, tanto
que sin las gafas, que me había quitado para leer,
no podía divisarlo. Pero allí estaba,
su cabeza casi desaparecida en el agua, muy adentro,
moviéndose lentamente al ras del horizonte.

Creo que estuvo más de veinte minutos en el mar.
Cuando volvió le vi el pecho por primera vez,
equilibradamente moldeado,
y su forma de andar era la de alguien a quien no le resulta
    fácil vivir
o que preferiría quedarse mucho más tiempo en el mar,
en cualquier caso creo que no encontró las respuestas que
    buscaba,
pues cuando se sentó en la toalla, chorreante,
el cabello aplastado contra la cabeza,
sus bellas facciones de veinticinco años
envueltas en la aureola del sol reflejado por el agua en su
    piel,
no había cambiado ni un ápice en su seriedad
y se quedó con la mirada perdida
en algún lugar incierto entre el horizonte y el mar.

Las olas habían seguido subiendo
hasta que una de ellas le rozó los pies

y él dejó que lo hiciera, no retiró la toalla
ni se alarmó como hubiera hecho cualquiera, yo incluido.
Permaneció allí, en la misma posición
en que lo había visto por primera vez,
pero ahora me fijé en una mancha
que, en su pierna izquierda, había pensado que sería de
    arena;
sin embargo, era un lunar, muy grande,
de unos ocho centímetros de ancho por cinco de alto,
casi a la altura de la rodilla.
La saturación de belleza
era ahora completa: el dios moreno de las aguas
era un ser humano, alguien con quien en otra época
podría haber entablado una conversación,
pero a quien ahora me limitaba a contemplar,
cuyos pensamientos creía descubrir
a través de su postura, su mirada, su forma de andar y de
    moverse en el agua.

Terminé un capítulo y fui a bañarme por segunda vez,
y ahora el agua parecía aún más transparente.
El cielo había empezado a nublarse
—vi arquitecturas sorprendentes en las nubes—
y pronto el verano habría terminado,
o al menos esa parte del verano
que estaba viviendo entonces, pues el verano de verdad no
    terminaba nunca.
Desde el agua, donde me interné más que la primera vez,
casi no distinguía la orilla,
pero vi su toalla a lo lejos, y sus formas morenas
como una imagen que la mente podía rescatar.
Seguí nadando, viendo el fondo del mar a través de las
    gafas,
sintiéndome no existir en la existencia más plena,
de un lado para otro, bajo el sol, el espolón

que tanto miedo me daba cuando era pequeño
como un punto de referencia en el instante dorado.
Así estuve quizá más de un cuarto de hora.
Cuando volví a la orilla él ya se había marchado.
Miré el lugar en la arena donde había estado su toalla.
No había huellas, ni una sola señal de su presencia.

Llegó cuando yo estaba en el mar,
se fue cuando yo estaba en el mar,
así que pensé que era una criatura que yo había soñado en
    contacto con el mar
y que sólo podía aparecer allí,
en aquel rincón poco frecuentado de la playa
donde habían transcurrido los veranos de mi infancia.
No había habido verdadero deseo
a pesar de la sobreabundancia de belleza.
Quizá el misterio de esta historia,
que me doy prisa en terminar por miedo a que las
    imágenes se borren,
reside en lo que nunca sabré:
quién era, qué le había pasado,
dónde podría encontrar la redención que buscaba,
qué otro mar le daría la oportunidad de desaparecer.

LA PUESTA DE SOL

Una puesta de sol más que nos perdemos,
y no deben de ser muchas las que quedan
antes de que hayamos de abandonar
estos cuerpos que fueron nuestros por un tiempo,
son las ocho y cuarto de la tarde
y millones de personas como nosotros
en el hemisferio norte, ahora o más tarde,
o hace una o dos horas,
han vivido este momento sigiloso
en que el sol se despide,
quién sabe si para siempre,
ese instante de salvación en medio de la pérdida,
como unas manos que se hunden
para rescatar en las aguas un cuerpo que acabara de nacer
o como los tambores que dejan poco a poco paso
a una única cuerda de viola que sabe cómo adentrarse en
    el silencio,
así lo habrán vivido,
o lo estarán viviendo,
mientras las manos juguetean las unas en las otras,
trazan caminos que las conducen como en un laberinto
entre las líneas de la vida,
y las miradas cosidas con el hilo de la última luz
descubren que se puede haber venido aquí
no únicamente para hacerse expertos
en los abruptos eriales de la soledad,
sino que, con esa revelación
del mundo entornándose detrás de sí mismo,
abriéndose a una oscuridad que aquí llamamos noche
y que concede el don de brillar

hasta a lo más insignificante,
es posible una serenidad compartida,
cierta comunión en el momento de verse mirar
juntos una puesta de sol,
parecida a la que hoy hemos vuelto a perdernos
por no estar donde debíamos estar,
por no haber sabido encontrar ese sitio
donde es fácil asistir
—cualquier turista lo encuentra—
al terrible hundimiento del sol en las aguas,
al secreto que el horizonte devora
y, en unos pocos segundos, devuelve
a las parejas de amantes
en forma de iluminación, como ignorancia,
candidez, desnudamiento, sosiego,
pero por alguna razón,
acaso porque nunca llegamos a conocernos
y por eso no hemos coincidido nunca
a esta hora en el mismo lugar,
sabemos que otra vez
hemos vuelto a perdernos otra puesta de sol,
y no son muchas las que quedan,
las vidas duran lo que duran
y haber formado parte de eso,
de esa conflagración
carente de enemistad y violencia,
hubiera sido una experiencia que nos habría unido
en caso de haber estado separados,
como lo estábamos,
como lo estamos,
y por eso las puestas de sol pasan de largo
una tras otra.

III

Viaje al centro del whisky

La ciudad es
ahora lo que entonces
hubiera sido difícil imaginar,
una cuadrícula
de calles despojadas
del aroma viviente del pasado,
sobre todo porque un paseo de una hora por ella
no da como resultado
el encuentro con varias personas conocidas
como ocurría en una época enterrada
en la bruma de las leyendas personales
que nadie nos creería si se las contáramos,
creo, de hecho, que el único sentido
que entonces tenía pasear era encontrarse
con unos cuantos amigos
al azar
y conversar mientras oíamos el tráfico
pasar como un telón de fondo
de nuestras disquisiciones filosóficas,
y ahora, ahora que podríamos
argumentar con algo más
de criterio sobre los irresolubles problemas
del mundo de la esencia y la apariencia,
no nos encontramos con nadie con quien conversar
y sólo queda la opción
de refugiarse en uno de los bares de aquella época
a recordar las citas, los avistamientos,
miradas, disputas, despedidas,
las presunciones de inocencia o los remordimientos,
recordar como algo

muy parecido a no existir,
como un descenso al fondo
en el que no queda nada
que extraer de aquel pozo
que creíamos fértil,
un acto de fe
en medio del truculento esplendor
del alumbrado navideño,
obligados a oír
conversaciones banales
sobre la actualidad política,
que, como todo lo demás,
no tiene solución,
y hay un momento, entonces,
en que surge
una calma muy frágil,
la reconciliación o la fisura
que nos confronta con quienes fuimos
sin revelarnos el secreto último,
que se oculta siempre en otro sitio,
no en ese bar,
no en ese whisky, ni en el otro
que pedimos más arriba,
en el ya apenas mítico callejón
de todos los milagros de otro tiempo,
donde ahora trabaja
un muchacho muy joven
de rasgos latinos, talludito,
con los ojos rasgados
y sonrisa insinuante
que tampoco se parece a las sonrisas de otras épocas,
o sí, quién lo supiera,
pero es demasiado tarde
para saber casi nada, para averiguarlo
o para empezar a saber,

en cualquier caso,
pues se trata aquí de algo primario,
de un conocimiento sin raíces
que no puede remontarse a la memoria,
el muchacho es un dulce
y alado repartidor de gracia
capaz de servir un whisky como quien somete
a la segunda ley de la termodinámica
cualquier acto o acción
delicuescente,
pero creo que llevo demasiado tiempo
empantanado en un joven
que sólo quiere mostrarse servicial,
y habría que volver
a lo sentido al subir por la avenida,
la misma avenida de hace treinta años,
cuando, recién cumplidos los dieciocho,
daba mis primeros paseos
vestido con una chaqueta gris
cuyas solapas anchas agarraba
como si fuera a llevarme el viento
al otro lado del mundo,
como ocurriría más tarde,
unos años más tarde,
pues nunca sabemos
adónde nos tiene destinados el destino,
y quizá fuera eso,
tantos años pasados donde el diablo perdió los calzones,
lo que me impide ahora
saber por dónde ando
exactamente
o pasear como un viandante más
por esta ciudad que es
ahora lo que entonces
hubiera sido difícil imaginar,

un revoltijo incomprensible de franquicias
donde sería incapaz
de entrar, como hacía entonces,
cuando aún eran negocios familiares lo que había,
a preguntar cuánto cuesta una guitarra,
o qué son exactamente unos leotardos,
mientras los ojos
apesadumbrados de los dependientes
me miraban desde su existencia miserable
como si fuera imposible que eso estuviera ocurriendo,
que un niñato vestido con una chaqueta infame
estuviera preguntando con tal atrevimiento
la tonalidad de un clarinete
o la duración de un tampón para sellos de caucho,
no, ya no sé por dónde iba,
y el poema se resiente del efecto del whisky,
la música es latina,
bachata, samba o reguetón,
todo se mezcla con la lucidez de las emanaciones
y esto no es un autorretrato,
aquí no hay espacio para la reflexión
ni para el discurso,
sólo para la ansiedad,
deseo de silencio
o fijación por el fragor,
sé que las calles un día ofrecerán otra fragancia,
sé que ahora, mustias,
apagadas, ya no son lo que eran,
sé que en alguna imprevista definición del futuro
todo volverá a los tiempos remotos
en los que tenía un nombre
y no sabía bailar,
ni siquiera tocar la cintura de una adolescente,
adolescente pálido
en la apretura del tiempo,

dibujante de mis propias sombras
o soliloquios a través de la ciudad
que ya no es lo que era
—ya lo he dicho—
aunque nunca fue gran cosa,
adolescente perdido en la indefinición de la existencia,
en la caótica sustancia de la ciudad sumergida
que, para salir a flote,
hubo de reinventarse o destruirse,
expulsar a todos sus habitantes
y vaciar sus cloacas
como en un vómito de décadas,
ciudad adolescente,
ciudad de la verdad adulta
que nunca dará a torcer el brazo del sentido,
te espero aquí,
en el borde,
en medio de la inmundicia de los bares,
en la esquinada sonrisa
de un joven latino recién llegado a la isla
a quien dudo si darle mi número de teléfono.

IV

EL NADADOR

Pero una vez más estás nadando,
y lo haces con el tubo y con las gafas,
mirando bajo la superficie del mar el lecho arenoso de la
    orilla,
las rocas de formas caprichosas, los peces que se asustan
    en cuanto te acercas,
aunque hoy las aguas no están demasiado nítidas,
probablemente a causa de la marejada,
y cuando te alejas un poco de la orilla
y dejas atrás los cuerpos de los otros bañistas,
la madre con su bebé que recibe quizá su primer baño,
los grupos de amigos que chapotean para que se les pase
    la resaca
o la extranjera que hace el cristo durante unos minutos
y luego se echa a nadar con fuerza unas cuantas brazadas,
cuando no hay nadie que se haya aventurado tan adentro,
aunque nunca pierdes el punto de referencia del espigón
    a tu izquierda,
te das cuenta de que llevas nadando ya más de veinte
    minutos,
y piensas que ese sería un momento perfecto para morirte,
imaginas la confusión mental de un ictus,
la paralización progresiva de las piernas,
el entumecimiento de los pies,
la falta de respuesta de las manos, incapaces
de mantenerte a flote,
o piensas quizá en algo más repentino,
un infarto agudo de miocardio,
el dolor abrasivo en la parte izquierda del pecho,
la incapacidad de respirar, el ahogo

que, al hundirte en el agua, se duplica,
ese momento en el que tomas conciencia
de que vas a morirte
porque tienes la edad ideal para un infarto
y fuiste fumador durante quince años de tu vida,
bebiste demasiado alcohol en una época
y hubo temporadas en que abusaste de las drogas,
no has hecho todo el ejercicio que te convendría
ni has desterrado de tu alimentación las grasas animales,
así que tu cuerpo se hunde en el agua como un cristo
    invertido,
no puedes ver ya toda la vida submarina a través de tus
    gafas,
y ni siquiera se cumple lo que algunos declaran,
que se ve pasar la vida entera en unos pocos segundos,
especialmente los momentos de mayor plenitud,
como si nada de lo que has vivido mereciera una epifanía
    final
y fueras a convertirte en un ahogado cualquiera,
en un cuerpo encontrado por la nadadora extranjera
y arrastrado por ella hasta la orilla,
donde, sin demasiado horror por parte de nadie,
sino con cierto fastidio, con el malestar producido por un
    accidente de playa,
algunos bañistas rodearían tus restos,
incluso alguno intentaría reanimarte
con dudosas arremetidas de sus manos sobre tu esternón
o, lo que sería aún peor, con un repugnante boca a boca,
como si cualquiera tuviera derecho a profanar tu cadáver,
y, mientras te imaginas todo esto,
sigues nadando, te ajustas las gafas
y procuras olvidarte por un rato
de tan funestas figuraciones, te concentras
en la arena, en sus pliegues, deseas encontrar
uno de esos bancos de peces extáticos

que alguna vez has visto, y respiras
una vez más, aunque sea la última,
recordando y anhelando al mismo tiempo
esos peces, la mirada de tantos ojos vivos.

LUCAS

No sé si es mi primer recuerdo
de un tiempo en que la adolescencia
ya había quedado atrás, pero aún
me sentía inmaduro, era muy joven, sin duda,
quizá todavía no me había iniciado sexualmente,
aunque no estoy seguro,
pues hay una franja de edad muy borrosa
entre lo que fueron las primeras citas todavía indecisas
e irrelevantes al menos en lo que a la sexualidad se refería
y la primera cita estrictamente sexual,
un periodo de aproximadamente un año
en el que mi vida giraba en torno al tótem misterioso
o el pórtico de un lugar prohibido
que imaginaba al mismo tiempo peligroso y fascinante,
y por eso, porque esa franja de mi posadolescencia
fluctúa en mi memoria y se confunde
muy fácilmente con el periodo posterior
en que vi frustrados algunos de mis acercamientos más
    fervorosos,
no podría asegurar
que la noche pasada con Lucas
fuera anterior o posterior a mi primera experiencia sexual,
aunque si tuviera que decantarme
por una sola de las opciones
diría que fue anterior, por varios motivos.

En primer lugar,
tuve a Lucas muy cerca de mí en varios momentos,
sobre todo en el coche, después de recogerlo
hacia la una de la mañana en el bar donde trabajaba

y conducir por la carretera más oscura del sur,
que debía de ser por entonces la de Las Galletas
aunque también podría haber sido la de Los Abrigos,
pues no recuerdo con claridad dónde trabajaba Lucas:
sé que era un bar bastante solitario,
una especie de tasca de mala muerte
con un aspecto de burdel venido a menos
donde, si la memoria no me engaña,
Lucas no se sentía del todo a gusto,
creo que me habló de enfrentamientos con el dueño,
pues lo que hicimos sobre todo durante aquel trayecto fue
    hablar,
aunque quizá yo le pusiera a Lucas la mano sobre el muslo
mientras me contaba sus desavenencias con el jefe,
su desarraigo en la isla,
pues Lucas procedía de una isla menor,
la misma donde había nacido el amigo común que nos
      puso en contacto.

Además, diría
que aquella noche yo llevé a Lucas a su casa,
o quizá de camino nos paramos en algún descampado,
pues era evidente que nuestros cuerpos se deseaban,
aunque eso bien podría haber ocurrido otro día,
lo que sin duda haría más difícil de explicar
el hecho de que estoy seguro de no haber mantenido
     relaciones sexuales con Lucas,
pese a que él sí tenía experiencia,
lo más probable es que yo buscara algún subterfugio
en caso de que en efecto hubiera habido una segunda cita
o, si sólo hubo una, que la timidez por mi parte
o acaso el cansancio de Lucas
tras toda una noche de trabajo
fueran razones que explicaran
la no consumación de lo que a todas luces ambos deseábamos.

Recuerdo la oscuridad de la carretera
desflorada por los faros
como dos manos luminosas
que iban abriéndose camino sobre un cuerpo,
y a un lado y a otro la noche profunda,
los terrenos áridos que yo empezaba a conocer por entonces
rodeándonos como si fuéramos a morir aquella noche,
y, a pesar de que nuestro amigo común nos había puesto
    en contacto,
Lucas me daba un poco de miedo,
era uno de esos jóvenes a quienes podía
imaginársele mala vida, una navaja en el bolsillo,
fuerza en los puños,
aunque también había algo de desamparo en él,
una especie de orfandad.

Sentí que la noche nos iba enredando en sus oscuros rumbos
hasta que ya no sabíamos dónde estábamos,
creo que llegamos a perdernos de verdad,
yo por entonces era un conductor novato
y apenas si había señales que me guiasen
o bien Lucas me hacía desviarme por carreteras cada vez
    más oscuras y apartadas
con la intención de que no hubiera excusa
para no sentirnos en medio de una extraña aventura.

V

Las pertenencias

El día que pensaste haber vivido
es tal vez este: se compone
de un frío que circula por los huesos
como si fuera una corriente eléctrica,
mientras no hace frío fuera y el invierno no es más
que una envoltura húmeda, un saco donde el cuerpo
se agita de una calle a otra,
como histérico,
buscando
lo que no se deja atrapar, el hueco
de cada sombra o cada cuerpo en cada bisagra de la noche,
un frío que te devuelve
una imagen de ti que no es la que recuerdas,
pues en esta ciudad nunca hizo frío
y los huesos fueron siempre
un silencioso engranaje que subyacía a la piel,
y era en la piel, o a veces en la sangre,
donde todo ocurría, y no en los huesos,
pero este, ya lo sabes, es el día
que no pensaste nunca haber vivido,
y no tienes un lenguaje con que comprenderlo
ni un lenguaje con que decirlo,
es un día que se escurre a través de las palabras
que lo contemplan desde lejos,
desde los años remotos que lo precedieron
o lo presintieron, si no es excesivo pensarlo,
un día sin palabras que se desgrana en imágenes
que tampoco comprendes
y que, estás seguro, sería mejor no comprender
si pudieras hacerlo,

así transcurre, pero transcurrir no es el verbo,
el día de otra vida, el que nunca
pensaste vivir, por mucho que todo haya confabulado
para que ahora seas tú el último supervisor
de algunas esquinas del barrio,
aquellas en las que en otro tiempo se apostaban
    adolescentes que eran tus vecinos
y que tú veías cuando te asomabas al balcón
del tercer piso, los veías allí, como si vigilaran
un barrio que era más de ellos que tuyo,
adolescentes a los que saludabas
al cruzarte con ellos por las escaleras
o en el ascensor
y que, sin embargo, rehuías cuando pasabas junto al grupo
    que formaban
en la esquina de un muro que ya no existe frente al portal
    del edificio,
adolescentes como tú a los que ahora recuerdas
como si te tendieran la mano desde ese pasado confuso
y no supieras qué hacer, pues
no había motivos para la desconfianza,
sin duda se trataba de una extrañeza sumada
a tu enfermiza timidez y a recomendaciones familiares lo
    que impedía
que te juntaras con ellos,
con esos adolescentes que desaparecieron para siempre
—o enloquecieron—
y dejaron las calles vacías
que tú recorres ahora como el último vigilante
de un campamento arrasado
en este día que no pensaste nunca que fueras a vivir
y, mucho menos, que llevarías entre tus pertenencias,
en el interior de los huesos,
en los bolsillos,
el frío y las sustancias

más nocivas que hubieras podido imaginarte entonces,
tú que te extasiabas únicamente en los deslumbrantes
    palacios de las palabras
que visitabas cada noche
en tu pequeña habitación,
y ahora, como sobre una alfombra voladora,
has saltado del balcón a la calle
y flotas por encima de los árboles,
repasas la soledad de las aceras,
acompañas desde lejos las sinuosas aventuras de los gatos,
supervisor fantasmal de calles que no existen,
acurrucado en la gabardina que no te protege del frío
y cuyos bolsillos, como si fueran huesos
vacíos, están llenos de lo impensable,
así, en la noche del lenguaje,
las calles terminan en pasadizos oscuros
que caen directamente a los barrancos
donde todos aquellos adolescentes
se despeñaron hace muchos años,
todavía se escuchan los gritos
que dieron exultantes y aterrorizados
antes de caerse,
y por esas calles, pero sin compañía,
pasas tú ahora,
y, si es un grito lo que te precede,
lo que te pisa los talones no es más que el silencio.

La buena respiración

Junto a él no podíamos morir
porque la forma en que nos enseñaba a respirar
era el modo de unirnos a la naturaleza
aunque él dijera que servía sobre todo para limpiar los
    pulmones.

La hora podía ser el mediodía
o la caída de la tarde
porque la luz que sobrevolaba nuestras cabezas de niños
era una luz que nos salvaba,
que nos envolvía
para transportarnos fuera del tiempo,
a un mundo que nunca reconoceríamos
salvo que, como él, estuviéramos insertos
en el núcleo del tiempo, en la abertura insospechada
que sólo él conocía y que, tras revelárnosla un instante
mediante las técnicas elementales de la buena respiración,
volvía a clausurar
para que el secreto permaneciera dentro de nosotros.

Por eso no podíamos verlo desde fuera
y hasta mucho más tarde no supimos
que se había dado allí una especie de intercambio,
un sacrificio o una revelación,
aunque en el fondo no fuera exactamente eso,
que nos obligaba a callar
para siempre como un modo
de agradecer la luz que sobre nuestras cabezas
había sobrevolado como si fuéramos crías recién nacidas
de un animal oculto en aquel bosque.

Algunos, unos pocos,
anduvimos rastreando tiempo después las huellas del
    secreto,
intentamos volver al lugar escondido,
pero siempre nos equivocábamos
o, cuando creíamos estar allí,
algún recuerdo fallaba,
o nos faltaba el aire
porque la técnica aprendida no era infalible
y fue decayendo con los años.

Un día
vi a quien nos había enseñado todo aquello,
nuestro profesor de química en el bachillerato,
tumbado en una playa, desnudo, junto a unas mujeres
    jóvenes,
y no pude creer que al final todo
se redujera a eso sólo:
a saber estar en los lugares adecuados
sin sentirse un intruso,
respirando con la misma sensación de olvido
la brisa proveniente del mar
o la dormida
exhalación de unos helechos.

Calle Farmacia

El único
regalo de la noche
es la ruina, saber
que al salir desnudo a la terraza
el pellejo sostiene
todavía los huesos,
y en la mano un cigarro
con cocaína adherida
te promete un recuerdo que no hubiera surgido
de otro modo,
una calle, un instante concreto
en una calle concreta de la que lo conservas todo
como si hubiera ocurrido
allí algo impactante,
aunque lo cierto
es que es puro vacío ese recuerdo prístino,
un escenario hueco en el que el cuerpo de entonces
muestra en todo su esplendor la ruina que es ahora,
la calle Farmacia, en Madrid,
si no recuerdo mal,
y otro cigarro ayuda, un poco más de cocaína,
sí, casi hacia el final, otra noche,
con el fragor del sábado
envolviendo nostálgico la juventud desperdiciada,
lo oyes ahora, más vivo que entonces,
un tránsito por la calle Farmacia,
vacía a esas horas,
de regreso de dónde,
la calle que se curva para esconderte de alguien
que puede estar delante o detrás,

un instante después
o muchos años antes,
ahora, en la terraza, desnudo, recordando,
con un tercer cigarro entre los labios
que te permite ahondar aún más
en el recuerdo:
sí, había alguien
que se había adelantado y tú querías alcanzarlo,
temías que se fuera para siempre
y creías que llegando al final de la calle
lo retendrías en el futuro imaginado,
no sabías
que todo ocurre para que
podamos pensar que pudo ocurrir,
un beso, acaso, en algún portal
del comienzo de la calle Farmacia,
esquina con Hortaleza,
o una copa apurada en la puerta de un bar
poco antes, ahora, otro día,
mientras, desnudo, dejas que la ceniza
se quede adherida a la cocaína quemada
como el último gesto
de esta noche,
o su ruina.

LA DESCOMPOSICIÓN

Eran los días finales,
los de la descomposición del cuaderno en que fui anotando
    la descomposición.

Había habido una mudanza
que resultó fallida: la vivienda perfecta
sustituida por un piso en las afueras
donde los muelles de la cama chirriaban
y las habitaciones, mustias, reflejaban la grisura del cielo.

No sólo eso. Después de haber roto con Patric
vinieron dos años de idas y venidas
entre relaciones efímeras,
encuentros de una noche,
visitas al parque Clara Zetkin y su hormigueante actividad
    nocturna
y largas semanas de abstinencia
donde el cuaderno se abría para volvcr a ccrrarlo en silencio,
un silencio sobrepuesto a otro silencio,
o la escritura como mísera
supuración del vacío,
pues eso era, en el fondo, lo que quedaba de los días,
la sensación de haber abierto un cuaderno viscoso
que, por mucho que me acompañara a los cafés
o en las pocas excursiones a los alrededores de Leipzig,
no era sino una coartada para no asumir el fracaso,
la descomposición de todo.

No comprendía que, después de tantos años,
no hubiera conseguido deshacerme

de una timidez malsana, de la misantropía
que me aislaba y me impedía,
salvo raras ocasiones,
entregarme a amistades desenfrenadas,
hablar con desconocidos que,
lo sospechaba luego,
estaban deseando hacerlo en las mesas compartidas de los
    biergärten.
Toda esa convulsión interior
que se manifestaba como desapego.

Sin embargo,
esa misma timidez contra la que luchaba
hizo que, muchos años después, ahora,
recuerde con más intensidad
el momento de quedarme desnudo en medio de cientos de
    desconocidos
para bañarme en las aguas de un lago
cuyo lecho arcilloso aún conservo en la memoria plantar,
si algo así existe, quiero decir que sigo sintiendo
con indudable vergüenza
el impacto de estar desnudo al entrar en las aguas del lago
y ese momento incómodo
conforma hoy mi único vínculo con aquel domingo que
    parece que invento
pero que ocurrió de verdad,
al comienzo de mi extraña relación con Oli,
un joven de dieciocho años que enseguida me presentó a
    su familia
y un día me propuso ir al lago
con su hermana mayor, su cuñado, sobrinos,
y no recuerdo si incluso estaban allí sus abuelos,
un lago escandalosamente abarrotado aquel domingo
    tórrido
en el que Oli y yo nos desnudamos delante de su familia

para darnos un baño en el agua arcillosa
y hasta, si no recuerdo mal, jugar,
una vez que nos hubimos alejado de la orilla,
con nuestras partes íntimas dentro del agua,
pues así era Oli, desvergonzado y juguetón,
y había que seguirle la corriente
porque todo lo hacía sin pensarlo dos veces.

Que el cuaderno,
aquellos días finales,
antes de la mudanza definitiva,
en mis últimas semanas en Leipzig, antes de regresar,
se había ya descompuesto hacía tiempo
lo demuestra la ausencia de rastros de todo aquello
en la escritura de entonces: ni siquiera
tengo fotos con Oli.
Todo lo que recuerdo
se lo debo a la timidez
y a la descomposición.

NOCHE EN SUSPENSO

La noche no es sólo el sonido de la noche.
Hay una suspensión
de todas las cosas.
Si has salido
no es para escuchar la noche,
sino para palparla
con todas sus estrías, las rugosidades
que tu piel no comprende
y que quisiera comprender
mientras paseas por los desolados
alvéolos de sombra.

La noche no es tampoco
tan sólo el silencio de la noche. Hay mil
pequeñas canciones
que brotan de la hierba, de los cactus
escondidos
en los jardines delanteros de los apartamentos.
Aprender a escuchar esas canciones
es lo único que explica tus salidas.

Vas fumando unos cigarrillos
que mezclan el tabaco
con sustancias más tóxicas. La noche
es una mezcla de sonido y de silencio
que se entreabre a tu paso
para que veas con la piel las cicatrices
que lleva su figura.

Fumas adormecido
o más exaltado a cada cigarrillo
y viajas en dirección a lo invisible.
Te agachas y recoges
la noche desprendida a tus pies, disuelta en somnolencia.

DEJAR DE ESCRIBIR

Se ha posado allá abajo,
sobre la pinocha,
al sol, unos segundos,
y luego ha vuelto a revolotear entre los pinos,
ha olfateado el silencio
que yace inmóvil entre las agujas
y, acaso para distribuir el sol,
para aprender las leyes
de la disolución,
que son muy parecidas a las del vuelo,
en su caso,
ha cruzado hasta donde ya no había pinos,
hasta un calvero
donde dejar de verla coincidió
con dejar de escribir.

El guía

Contemplando el extremo de los espigones
y trazando en su mente la especie de arco
que la playa y el horizonte formaban,
pensó que era allí,
donde había estado pescando hacía mucho
con un amigo del que apenas recordaba la suavidad de la
    voz,
cierta elegancia en las formas,
pero ni el nombre, ni el rostro, ni nada de su personalidad,
que era allí, pensó, donde se había dado cuenta
de que las edades se cruzan como en un torbellino,
como quien viaja por un río tranquilo
y de pronto se encuentra zonas turbulentas
que desembocan en estuarios silenciosos,
un río o simplemente el mar en que pescaba
allí junto a un amigo del que,
si no recuerda apenas nada,
es quizás porque coincidió con una de esas fases
de transición en las que todo queda borrado
porque está a punto de entrarse en una nueva comarca de
    la vida,
y aquel amigo, del que quedan unos pocos
armónicos de voces apegados al recuerdo,
o un gesto aislado, descolgado del cuerpo,
era como el guía que orienta
en una frontera indecisa,
por lugares desconocidos que hay que atravesar
para llegar a lugares desconocidos
donde no nos conoceremos ya tal y como éramos
antes de llegar allí. Está tumbado ahora

en esta playa
y contempla el extremo de los espigones
mientras traza en la mente la especie de arco que forman
la playa y el horizonte,
y sabe que ahora los guías son otros,
que cada vez serán menos frecuentes
y que el paisaje se irá modificando
cada vez de forma más imperceptible
en lo que queda de vida.
Hasta que, piensa, sea él el amigo
de sí mismo, el guía
cuyo rostro o nombre no recordará
desde el otro lado al que a sí mismo se conduzca.

Una noche extraña

Fue una noche extraña.

Deshice en un humo lo que quedaba de mi vida,
que era poco o era nada
o era toda mi vida.

El humo era un humo ilícito
que salía de mi boca
y atravesaba el mosquitero
hasta fundirse con la noche.

Veía el humo salir de mi boca
y llevarse mi vida
como si fuera ilícito
que algo saliera de mi vida
para fundirse con la noche.

Todo estaba en silencio,
pero el silencio no había aprendido
a dejar atrás
lo que quedaba de mi vida.

Veía a través del mosquitero
que la noche no estaba dispuesta
a aceptar
lo que la vida le daba bajo la forma del humo.

Esperé hasta que todo volvió
al estado anterior en que ya no había humo
ni vida ni noche ni mosquitero en el límite
entre mi boca y el humo.

Fue una noche extraña.

La recuerdo porque,
además de extraña,
fue hermosa.

Otro encuentro en el parque

No porque no te estuviera esperando hoy
has dejado de venir
hasta el lugar de nuestras citas,
allí
donde un día fulguró tu penacho
en los ojos de unos niños que jugaban
tumbados en la hierba con los saltamontes,
junto al árbol cuyas ramas
hacíamos picadillo con las manos
para, sobre los muros
de lajas que quemaban
bajo el sol sin límites de agosto,
exponer como pequeños dioses nuestras creaciones
    efímeras,
allí
donde hace muchos años
hubieras huido de nosotros
y hoy te detienes para que te contemple y te conozca
mucho mejor que entonces,
pues ahora te rindes a la serena contemplación aprendida
a través de las turbulencias de los años,
nos miramos, incluso,
mientras hundes tu pico sigiloso
en un hueco formado al pie del árbol
y devoras lo que quiera que forme tu dieta alimenticia,
larvas, hormigas, coleópteros,
con fruición, sin dejar de mirarme de reojo,
mientras fulgura de otro modo tu anaranjado plumaje
en los ojos adultos,
más pacientes,

y, en mitad del silencio que en medio minuto intercambiamos,
antes de tu vuelo majestuoso
hasta otro árbol del parque,
hemos sabido que volveríamos a vernos,
que nos hemos citado aquí
para siempre,
como una pareja que vuelve,
a lo largo de los años,
al lugar de su primer encuentro,
y cada vez es distinto
lo que allí les sucede:
la pasión, el olvido, el deslumbramiento, el vuelo.

Peces transparentes

Ser uno de esos peces,
casi transparentes,
que se dejan llevar al ritmo del oleaje,
uno de esos que, al virarse levemente,
desprenden una plata líquida y brillante
y luego vuelven a fundirse con el banco,
peces transparentes que contemplo
muy cerca de la costa
a través de mis gafas
made in China,
y súbitamente el banco se desliza
bajo mi cuerpo que flota boca abajo
y los veo, son cientos,
cientos de peces transparentes
que se dejan arrastrar
por las leves sacudidas de un mar en calma,
cuánto desearía
ser uno de esos peces
y no pensar que no lo soy,
no imaginar el momento en que dejaré de respirar
ni dibujar con la mente el cuerpo ahogado
que seré para el resto de bañistas
de este día de playa, a principios de mayo,
no tener que sentir cómo el cuerpo se hunde
si no muevo los brazos,
sino ser tan sólo un pez,
uno de esos peces transparentes del banco
que luce su coreografía
de escamas plateadas para un solo espectador,
alguien que querría subir al escenario

y adoptar uno de los discretos papeles
de ese cuerpo de baile,
la danza de los peces transparentes
que vi hoy al bañarme y que,
por mucho que pareciera
que bastaría estirar la mano para tocarlos,
estaban infinitamente lejos,
en su burbuja intocable,
en su amniótica orgía silenciosa,
y ninguno de ellos, seguro,
se intercambiaría por mí,
querría el lastre de este cuerpo,
de esta mente llena de desechos,
de un corazón dormido como el mío.

Refutación de los sueños

Tengo que escribirlo,
aunque no quiera hacerlo
(a veces el poema es un horizonte que parece imposible
    de alcanzar,
y se prefiere estar cómodamente tumbado en la orilla
mientras las olas rompen
una sobre otra
como una llamada de lo que nos espera a lo lejos,
en los paisajes inexplorados donde el mar parece terminar
    o empezar).

Si tengo que escribirlo
es porque me asedia como lo que nació sumergido,
y todo lo que procede del fondo
se revela poderoso en la superficie
aunque queramos combatirlo
con el silencio, la indiferencia, el desvío
del pensamiento o las palabras trucadas.

Por eso el sueño de anoche
está ahí todavía, se entretejen sus imágenes
con las horas que pasan, fluctuantes,
alrededor de un vórtice que lo perturba todo.

Mi madre, tumbada boca abajo en una cama,
se está muriendo.
Los médicos sugieren
que debe ser sedada, y yo, a su cabecera,
me aferro al rostro amado,
junto a las suyas mis lágrimas,

le digo que la quiero,
y siento una punzada tan honda al despedirme
que me despierto gritando,
negándolo todo, su muerte, el sueño,
las lágrimas, la cama, los sedantes, la punzada.

Mi madre era en el sueño
una mujer más joven de lo que es ahora.

Esta mañana
hemos estado juntos, compartiendo café,
mi padre, mi madre y yo.

Todas las operaciones
que mi madre ha sufrido a lo largo de los años
no le han restado un ápice de vitalidad.
Allí estaba, proponiéndole a mi padre
dar un paseo más alrededor del parque.

Era un ser de luz
en la mañana del sábado en que había muerto en mi sueño.

Para que no muriera, desperté
empapado de sudor.

Pero ella no lo sabía,
ni yo quería que ella lo supiese,
pues su luz nada tenía que ver con esas sombras
que nos asedian procedentes del fondo
en que se sumergen nuestras almas
cuando sueñan.

Mi madre,
a sus setenta y seis años,
con dos cánceres de mama superados,

dos operaciones de tiroides,
hipertensión y otras dolencias varias,
iba a seguir caminando
por los paseos del parque
para refutar ese sueño, y cualquier otro sueño.

TUGURIOS

Conozco un poco la historia
de estos tugurios. No recuerdo, sin embargo,
cómo, cuándo los encontré. Fue, creo, un poco
después de empezar a ser
todos los yoes que empecé a ser por entonces.
Era como escuchar la música de tu propio cuerpo
descender allá abajo,
a una dimensión que te salía al encuentro
como si fuera tu destino estar allí
aunque no supieras cómo
había que hacer para estar allí.
Y no siempre te sentías cómodo.
En los espectáculos
no deseabas sentarte en primera fila
por si acaso el transformista de turno
fuera a querer contar con tus servicios
para alguna gracieta, y por eso
te sentabas escondido
entre la multitud
con tu copa bebida con morosidad
y los ojos más pendientes
de lo que ocurría entre el público
que del propio espectáculo.
La música rebotaba en ti
y se iba por los pasillos mal iluminados
que conectaban con el paseo marítimo.
A veces sentías que debías
acompañarla, que en aquella música
algo tuyo se iba también
a mezclarse con los cuerpos

que surcaban la avenida junto al mar
y bajaban a la playa
para consumar los amores fugaces
entre dos rocas, o en un recodo
de arena en donde unas horas más tarde,
a primera hora de la mañana,
se vería el contorno
indescifrable de unas figuras antropomorfas
recortado como por una cuchilla en la arena mojada
hasta que, con la nueva marea,
fuera borrado el dibujo, restituida
la lisura de la arena
hasta la noche siguiente, sin saber
si una parte de tu cuerpo
había quedado representada allí,
pues siempre era muy tarde
cuando la música te incitaba a bajar
y eran ya muchas las copas bebidas
y no siempre el recuerdo
lograba traspasar la nube de la semiinconsciencia.
Conozco también algunos de los rituales
que nos convocaban allí
y que no siempre estuve
en condiciones de respetar,
bien por desconocimiento, pues era muy joven
por entonces y no había aprendido lo suficiente,
bien porque no siempre me interesaba respetarlos
o me volvía díscolo según soplara el viento,
quiero decir que podía volverme caprichoso
y enmudecer durante horas,
hacer la estatua en un rincón del bar
y sonreír apenas a quienes venían
con su varita mágica
a despertarme de lo que a ellos
les parecía un sueño profundo

y era, en cambio, para mí
un estado de especial percepción,
pues me permitía empaparme del lugar
como si un día fuera a desaparecer
o como si aquel yo mío fuera a desaparecer
y mi misión no fuera otra
que estar plantado allí
como un ojo impasible, como un oído
atentísimo o una piel que recogiera,
minuciosa,
cualquier alteración de la temperatura,
los más mínimos roces entre las pieles de otros
percibidos por un sentido que era una suma de sentidos
que llevaba las imágenes táctiles,
abarrotadas de las voces y las luces del antro,
a algún lugar seguro de la mente
donde habrían de vivir durante un tiempo
para irse apagando luego
poco a poco, año tras año,
hasta dar en un poema escrito una tarde de verano
mucho tiempo después,
como un tímido homenaje;
o podía volverme todo lo contrario,
desbocarme, asilvestrarme
con tan sólo beber dos tequilas seguidos
y andar detrás de respuestas
a preguntas que no tenían el más mínimo sentido,
es verdad que había siempre un lado circunspecto,
pero cuando cruzaba el límite,
me levantaba del asiento
y empezaba a deambular entre la clientela,
me sentía inseguro pero libre,
dejaba atrás aquella estatua con vocación de máquina
    registradora
y nacían entonces conversaciones divertidas,

situaciones ridículas de las que sólo me arrepentía más
    tarde,
al salir, cuando, en la calle,
en ese momento tan extraño
en el que todos parecíamos mirarnos
sin saber qué decir,
intentaba esfumarme sin que nadie me viera,
o bajaba una vez más al paseo marítimo,
donde ya no quedaban sino las últimas sombras
en combate con el hilo difuso de la primera luz del día,
las cadenas onerosas de las olas
retumbando en las piedras de la orilla
y, todo lo más,
la silueta de un cuerpo a lo lejos,
al final de la playa,
donde a aquellas horas ya no tenía ningún sentido ir.

ÍNDICE

Este libro se terminó de imprimir
en febrero de 2025

RIL® editores • España

europa@rileditores.com

Se utilizó tecnología de última generación que reduce
el impacto medioambiental, pues ocupa estrictamente el
papel necesario para su producción, y se aplicaron altos
estándares para la gestión y reciclaje de desechos en
toda la cadena de producción.